EVERYTHING I KEPT

TODO LO QUE GUARDÉ

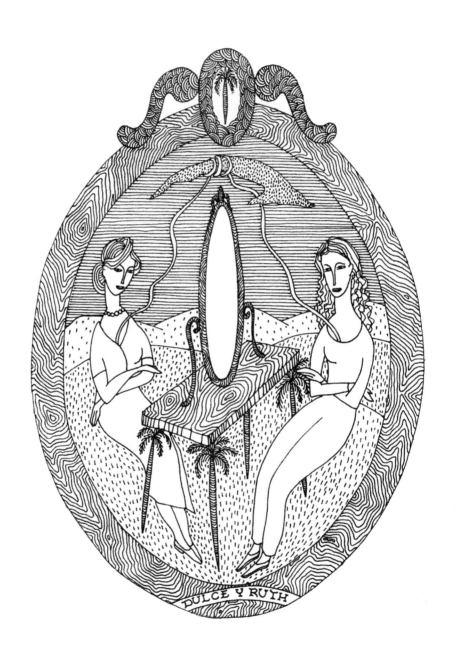

EVERYTHING I KEPT

POEMS

TODO LO QUE GUARDÉ

POEMAS

RUTH BEHAR

S W A N
I S L E
P R E S S
CHICAGO, 2018

RUTH BEHAR was born in Havana, Cuba. She is an award-winning author and the Victor Haim Perera Collegiate Professor of Anthropology at the University of Michigan. *Everything I Kept | Todo lo que guardé* is her first book of poetry.

Swan Isle Press, Chicago
Edition©2018 by Swan Isle Press
©2018 by Ruth Behar
All rights reserved. Published 2018

Printed in the United States of America
First Edition

22 21 20 19 18   12345
ISBN-13: 9780997228724 (paperback)

Swan Isle Press gratefully acknowledges that this book has been made possible, in part, with the generous support of the following donors:

UNIVERSITY OF MICHIGAN

MICHELLE MERCER AND BRUCE GOLDEN
IN HONOR OF LEE AND ABRAHAM GOLDEN, AND DEBRA RADE

FRANCIS HIGGINS

EUROPE BAY GIVING TRUST

Library of Congress Cataloging-in-Publication Data

Names: Behar, Ruth, - author. | Behar, Ruth, - translator. | Behar, Ruth- Poems. Selections. | Behar, Ruth, - Poems. Selections. Spanish
Title: Everything I kept = Todo lo que guarde´/ Ruth Behar ; illustrated by Rolando Estévez.
Other titles: Todo lo que guarde´
Description: Chicago : Swan Isle Press, 2018. | A bilingual text in English and Spanish.
Identifiers: LCCN 2018008003 | ISBN 9780997228724 (paperback)
Subjects: LCSH: Memory—Poetry. | Cuban poetry. | BISAC: POETRY / Caribbean & Latin American.
Classification: LCC PQ7392.B425 A2 2018 | DDC 861/.7—dc23
LC record available at https://lccn.loc.gov/2018008003

The paper used in this publication meets the minimum requirements of the American National Standard for Information Sciences—Permanence of Paper for Printed Library Materials. ANSI/NISO Z39.48-1992.

For David / Para David

Todo lo que guardé se me hizo polvo; todo lo que escondí,
de mis ojos lo escondí, y de mi propia vida.

Everything I kept turned to dust; everything I hid,
I hid from my eyes and from my own life.

—DULCE MARÍA LOYNAZ, "POEMA LV,"
POEMAS SIN NOMBRE (POEMS WITHOUT A NAME)

CONTENTS ✦ ÍNDICE

Empecé a escribir estos poemas con una prisa desesperada en los últimos meses de mis 39 años y en los primeros días tras cumplir 40. Sentí muy intensamente la presión de la mortalidad. Escribí, como digo en uno de mis poemas, con una pistola en las sienes, como una prisionera. Eso fue hace veinte años. Afortunadamente, sobreviví. Ahora, a los sesenta años, he vuelto a estos poemas con una sensación de paz que me faltaba cuando era más joven.

La primera versión de estos poemas se publicó originalmente en una edición de 2001 hecha a mano con Ediciones Vigía en Matanzas, Cuba. En aquel entonces regresaba yo a escribir poesía después de un largo silencio y tuve la dicha de que el artista y poeta Rolando Estévez me alentara a cultivar la poesía. Como cubano que se quedó en la Isla, pero cuya familia se había ido, se sintió conmovido por los temas de anhelo y pérdida a los que me dedicaba, y diseñó un hermoso libro hecho a mano para mis poemas que incorporaba una maleta en la portada. La maleta, que se abría y cerraba con pequeñas tiras de velcro, era un símbolo de mi vida errante.

Esa pequeña edición de mis poemas hace ya años que se agotó. Me pareció este un buen momento para ofrecerle a esos viejos poemas un nuevo hogar. Pero al volver a leer los poemas, al cabo de veinte años, me pareció que había maneras de mejorarlos. Terminé revisándolos casi todos, de una forma u otra, enriqueciendo el lenguaje y profundizando las emociones transmitidas, al mismo tiempo que traté de mantener el espíritu de la edición bilingüe original. En ese sentido, estos son nuevos poemas.

I began to write these poems in desperate haste during the last months of my thirty-ninth year and the first days after turning forty. I felt the pressure of mortality very intensely. I wrote, as I say in one of my poems, with a gun at my temple, like a prisoner. That was twenty years ago. Fortunately, I survived. Now at sixty, I have come back to these poems with a sense of peace I lacked when I was younger.

The first versions of these poems were published in a handmade edition in 2001 with Ediciones Vigía in Matanzas, Cuba. At a time when I was returning to writing poems after a long silence, I was blessed to have the book artist and poet Rolando Estévez encourage me to pursue poetry. As a Cuban who stayed on the island, but whose family had left, he was moved by the themes of longing and loss that I addressed, designing a beautiful handmade book for my poems that incorporated a suitcase on the cover. The suitcase, which opened and closed with small strips of Velcro, was a symbol of my life as a wanderer.

That small edition of my poems has been out of circulation for a long time. It seemed like a good moment to give those old poems a new home. But rereading the poems, after twenty years, I found ways that I thought they could be improved. I have ended up revising almost all of them, in one way or another, enriching the language and deepening the emotions conveyed, while still trying to maintain the spirit of the original bilingual edition. In that sense, these are new poems.

The title of this book, *Everything I Kept*, comes from a line of verse penned by the Cuban poet, Dulce María Loynaz. My

El título de este libro, *Todo lo que guardé*, proviene de un verso de la poeta cubana Dulce María Loynaz. Mis poemas están muy influenciados por su pensamiento y sus escritos. Sin embargo, desconocía la obra de Dulce María Loynaz hasta que conocí a Rolando Estévez en Cuba hace veinte años. Fue Estévez quien me introdujo a su obra y su vida, por lo cual le estaré siempre agradecida.

Sabemos que Dulce María, que nació en 1902 y falleció en 1997, era hija del General Enrique Loynaz del Castillo, héroe de la independencia de Cuba, y parte de una familia aristocrática cubana. Era una mujer que había viajado, tenía formación de abogada y era parte del círculo literario que incluía al gran Federico García Lorca. A Dulce María le hubiera sido fácil irse de la isla después de la revolución cubana de 1959, pero era una patriota y optó por quedarse en su tierra natal. En el momento de la crisis económica en Cuba después de la caída de la Unión Soviética, ella ya estaba en sus noventa, viviendo los últimos años de su vida en una mansión de La Habana que estaba en ruinas.

Me conmovió tremendamente el libro de poemas en prosa de Dulce María, *Poemas sin nombre*, publicado en 1953. Al principio la obra fue aclamada, pero después fue olvidada, incluso, al parecer, por la propia Dulce María, que temía que su obra, de profundísima búsqueda interior, resultara irrelevante a raíz de las transformaciones sociales producidas por la revolución. Ocurrió todo lo contrario. Dulce María, a quien muchos consideran la Emily Dickinson de Cuba, se ha convertido en los últimos veinte años en una gran inspiración para toda una nueva generación de jóvenes poetas cubanos, tanto en la Isla como en la diáspora.

Empecé a viajar frecuentemente a Cuba en los años 90 y tuve el gusto de conocer a Dulce María. Ella tuvo la gentileza

poems are deeply influenced by her thinking and writing. And yet I had no knowledge of the poetry of Dulce María Loynaz until I met Rolando Estévez in Cuba twenty years ago. It was Estévez who introduced me to her work and her biography, for which I remain forever grateful.

Dulce María, who was born in 1902 and died in 1997, was the daughter of Cuban independence leader General Enrique Loynaz del Castillo and part of a Cuban aristocratic family. She was a well-traveled woman, trained as a lawyer, and the member of a literary circle that included the great Spanish writer Federico García Lorca. It would have been easy for Dulce María to leave the island after the Cuban Revolution in 1959, but she was a patriot and chose to stay in her homeland. At the time of the economic crisis in Cuba after the fall of the Soviet Union, she was in her nineties, living the last years of her life in a Havana mansion that was in ruins.

Dulce María's volume of prose poems, *Poemas sin nombre* (*Poems Without a Name*), which was published in 1953, made a profound impression on me. Acclaimed at first, it was soon forgotten, even, it seemed, by Dulce Maria herself, who feared her wrenching, self-searching work would become irrelevant in the wake of the social transformations wrought by the revolution. Instead, just the opposite happened. Dulce María, who is considered the Cuban Emily Dickinson, has become, in the last twenty years, a major inspiration to a younger generation of Cuban poets, both on the island and in the diaspora.

I began to travel to Cuba regularly in the 1990s and I had the pleasure of meeting Dulce María. She kindly received me at her home, several times, at five in the afternoon, the sacred hour at which a Spanish bullfighter fell to his death in a poem immortalized by Lorca. By then, Dulce María was nearly blind,

de recibirme en su casa, varias veces, a las cinco de la tarde, la hora sagrada en que un torero español cayó a su muerte y que Lorca inmortalizara en su poema. Para entonces, Dulce María estaba casi ciega, frágil como un gorrión, pero lúcida. Me pidió que me sentara cerca y le leyera en voz alta mis versos tímidos. Realmente, no hay mayor regalo que ser escuchada por una poeta que uno ama, una poeta que te ha inspirado a ser poeta también.

Nací en Cuba y me crié en Estados Unidos. El español es mi lengua materna, pero me educaron en inglés y escribo en inglés. Siempre hablábamos español en casa, y con los años, mientras viajaba de ida y vuelta a Cuba, he recuperado mi ciudadanía literaria en español y he sido capaz de crear una versión en español de mis poemas. Sin embargo, reconozco que el español me viene no sólo de mi herencia cubana, sino también de un pasado aún más distante, de mis antepasados sefardíes, que nunca dejaron de hablar la lengua de los que los exiliaron.

Me he preguntado si los poemas en *Everything I Kept / Todo lo que guardé* son demasiado tristes. Richard Blanco me ha consolado diciendo que lo triste es hermoso y que es su triste belleza lo que los hace únicos. Lo que sí sé es que son poemas tan íntimos que me resulta doloroso leerlos en voz alta. ¿Tal vez debí haberlos guardado bajo la cama? En cambio, se los doy a ustedes, queridos y queridas lectores y lectoras, con la esperanza de que mis palabras puedan darles un poco de fortaleza y que al emprender su propio viaje lleguen a entender las cosas con las que se han quedado y que han llevado a cuestas, mucho después de que se hayan vuelto polvo.

*

frail as a sparrow, but lucid. She asked me to sit close and read my timid poems to her. There truly is no greater gift than being heard by a poet you love, a poet who has inspired you to want to be a poet.

I was born in Cuba and raised in the United States. Spanish is my mother tongue, but I was educated in English and I write in English. We always spoke Spanish at home, and over the years, as I traveled back and forth to Cuba, I have reclaimed my literary citizenship in Spanish and been able to create a Spanish version of my poems. Yet I recognize that Spanish comes to me not only from my Cuban heritage but also from a yet more distant past, from my Sephardic ancestors, who never stopped speaking the language of those who exiled them.

I have wondered if the poems in *Everything I Kept* / *Todo lo que guardé* are too sad. Richard Blanco has consoled me by saying that sad is beautiful and that it's their sad beauty that makes them unique. What I do know is that they are such intimate poems that I find it painful to read them aloud. Maybe I should have kept them under the bed? Instead, I give them to you, dear reader, in the hope that my words might give you a bit of fortitude so you can embark on your own journey and come to understand the things you have kept and carried, long after they have turned to dust.

AGRADECIMIENTOS

Tres poetas, dos amigos queridos y una amiga querida,
ayudaron a dar vida a este libro.

Doy gracias a Rolando Estévez. Poco después de
conocernos en Cuba hace más de veinte años, le dije a Estévez
que la experiencia de estar de vuelta en mi tierra natal me había
inspirado a escribir poemas. Estaba escribiendo los poemas
en inglés y me dijo que necesitaba traducírselos al español
para poder leerlos. Fue así como empecé a escribir en inglés
y español y me moví de un lado a otro entre los dos idiomas
que han definido mi vida. Estévez no sólo alentó mi escritura,
sino que creó hermosos libros hechos a mano con ilustraciones
magníficas, ayudando a que los poemas cobraran vida de una
manera que nunca podría haber imaginado. Estoy agradecida
por su amistad e inspiración y por introducirme a la obra de
Dulce María Loynaz.

Doy gracias a Richard Blanco. Él ha sido un amigo y mentor
por más de veinte años. Su meticulosa y esmerada crítica de
todos los poemas de este libro me permitió volver a ver los
poemas con ojos frescos y poder mejorar los originales. Era
un privilegio increíble tener a un poeta de la talla de Richard
que leyera mis poemas y me apoyara como poeta. Richard
y yo hemos compartido muchas experiencias a lo largo de
los años como cubano-americanos que buscamos mantener
nuestro vínculo con la Isla. Juntos creamos el blog, http://
bridgestocuba.com/. Estoy agradecida por su inmensa
generosidad, su dedicación al arte de la escritura y el regalo de
su amistad.

Doy gracias a Marjorie Agosín. Ella también ha sido amiga
durante más de veinte años y siempre me ha estimulado a no

ACKNOWLEDGMENTS

Three poets, who are dear friends, helped to bring this book into existence.

I give my thanks to Rolando Estévez. Soon after we met in Cuba over twenty years ago, I told Estévez that the experience of being back in my native land had inspired me to write poems. I was writing the poems in English and he said I needed to translate them into Spanish so he could read them. That was how I began to write in English and Spanish and move back and forth between the two languages that have defined my life. Estévez not only encouraged my writing, but created beautiful handmade books with gorgeous illustrations, helping the poems to come alive in ways I could never have imagined. I am grateful for his friendship and inspiration and for introducing me to the work of Dulce María Loynaz.

I give my thanks to Richard Blanco. He has been a friend and mentor for over twenty years. His meticulous and caring critique of all the poems in this book allowed me to see the poems anew, with fresh eyes, and to be able to improve upon the originals. It was an incredible privilege to have a poet of Richard's stature read my poems and support me as a poet. Richard and I have shared many experiences over the years as Cuban-Americans seeking to maintain our bond with the island. Together we created the blog, http://bridgestocuba.com/. I am grateful for his immense generosity, his dedication to the art of writing, and the gift of his friendship.

I give my thanks to Marjorie Agosín. She has been a friend, too, for over twenty years, and has always encouraged me to not be afraid to write poetry. I continue to be in awe of her stunningly beautiful poems and memoirs and all that she has

tener miedo de escribir poesía. Siento un respeto reverencial por sus hermosísimos poemas y memorias y todo lo que ha hecho por traer la escritura latina judía a la atención del mundo. Siempre estaré agradecida por la amistad de Marjorie y nunca dejaré de admirarla. Fue Marjorie quien me presentó a Swan Isle Press y a su magnífico editor y director David Rade, con quien ha sido un placer trabajar en este libro. Gracias, Magi, por ayudarme a cumplir un sueño.

Y doy gracias a Eduardo Aparicio, otro querido amigo de más de veinte años, que repasó las versiones de mis poemas en español con gran cuidado y cariño.

Es un placer reconocer a la Universidad de Michigan por su generosa contribución a la publicación de esta colección y su apoyo a mi trabajo a lo largo de los años.

done to bring Jewish Latina writing to the attention of the world. I will always be grateful for Marjorie's friendship and will never stop looking up to her. It was Marjorie who introduced me to Swan Isle Press and to its magnificent editor and director David Rade, with whom it has been a pleasure to work on this book. Gracias, Magi, por ayudarme a cumplir un sueño. I thank Magi for helping me to fulfill a dream.

And I give my thanks to Eduardo Aparicio, another dear friend for more than twenty years, who reviewed the Spanish versions of my poems with great care and love.

It is a pleasure to acknowledge the University of Michigan for their generous contribution towards the publication of this collection and their support of my work throughout the years.

Ruth Behar es una conocida escritora de narrative, crónicas de viaje, memorias y poesía. Nacida en La Habana, Cuba, se crió en Nueva York, y actualmente es la profesora catedrática de antropología "Victor Haim Perera" en la Universidad de Michigan. Fue la primera Latina que recibió el premio MacArthur y también ha recibido la beca John Simon Guggenheim, el premio Distinguished Alumna Award de Wesleyan University, y un doctorado honoris causa en Humane Letters de Hebrew Union College. Aclamada como "antropoeta," escribe con sensibilidad sobre la experiencia de la inmigración y los viajes, y la búsqueda del hogar en nuestra era global.

Durante los últimos cuarenta años ha pasado gran parte de su tiempo en España, México y Cuba. Sus libros incluyen *La presencia del pasado en un pueblo español: Santa María del Monte, Cuéntame algo, aunque sea una mentira: Las historias de la comadre Esperanza,* y *The Vulnerable Observer: Anthropology That Breaks Your Heart.* La antología que co-editó, *Women Writing Culture,* fue uno de los primeros libros en llamar la atención sobre la creatividad en los textos escritos por antropólogas.

Ruth frecuentemente visita y escribe sobre su Cuba natal y es autora de *Una isla llamada hogar* y *Traveling Heavy: A Memoir in between Journeys,* que ofrecen exploraciones líricas de su herencia judía cubana. Es editora de la antología pionera *Bridges to Cuba / Puentes a Cuba,* que reunió las voces y visiones de cubanos y cubano-americanos y coeditora de *The Portable Island: Cubans at Home in the World.* Su documental, *Adio Kerida / Goodbye Dear Love: A Cuban Sephardic Journey,* ha sido presentado en festivales de cine a través del mundo.

Ruth Behar is an acclaimed author of fiction, travel stories, memoir, and poetry. Born in Havana, Cuba, she grew up in New York, and is the Victor Haim Perera Collegiate Professor of Anthropology at the University of Michigan. She was the first Latina to win a MacArthur "Genius" Grant and other honors include a John Simon Guggenheim fellowship, a Distinguished Alumna Award from Wesleyan University, and an honorary doctorate in Humane Letters from the Hebrew Union College. Celebrated for being an "anthropoet," she writes with sensitivity about being an immigrant and a traveler and about the search for home in our global era.

During the last forty years, she has spent much of her time in Spain, Mexico, and Cuba. Her pathbreaking anthropology books include *The Presence of the Past in a Spanish Village*, *Translated Woman: Crossing the Border with Esperanza's Story*, and *The Vulnerable Observer: Anthropology That Breaks Your Heart*. Her co-edited anthology, *Women Writing Culture*, was one of the first books to call attention to the creative writing of women anthropologists.

Ruth frequently visits and writes about her native Cuba and is the author of *An Island Called Home: Returning to Jewish Cuba* and *Traveling Heavy: A Memoir in between Journeys*, which offer lyrical explorations of her Cuban Jewish heritage. She is the editor of the pioneering anthology, *Bridges to Cuba/Puentes a Cuba*, which brought together the voices and visions of Cubans and Cuban-Americans, and co-editor of *The Portable Island: Cubans at Home in the World*. Her documentary, *Adio Kerida/ Goodbye Dear Love: A Cuban Sephardic Journey*, has been shown in film festivals around the world.

Es también una escritora de obras creativas, y su poesía está incluida en muchas colecciones, entre ellas *The Whole Island: Six Decades of Cuban Poetry* y *The Norton Anthology of Latino Literature*. Ruth recientemente hizo su debut en ficción con *Lucky Broken Girl* (*Afortunada niña rota*), novela sobre el sanar de las heridas de la infancia, publicada por Nancy Paulsen Books, sello de Penguin Random House, que ganó el Premio Pura Belpré. *Everything I Kept / Todo lo que guardé* es el primer libro de poemas que publica.

Also a creative writer, her poetry is included in many collections, among them *The Whole Island: Six Decades of Cuban Poetry* and *The Norton Anthology of Latino Literature*. Ruth recently made her fiction debut with *Lucky Broken Girl*, a coming-of-age novel about mending from childhood wounds, published by Nancy Paulsen Books, an imprint of Penguin Random House, which won the Pura Belpré Author Award. *Everything I Kept/Todo lo que guardé* is her first published book of poems.

POEMS / POEMAS

GARDEN

JARDÍN

JARDÍN

Ayer pasé por un jardín sembrado con toda clase de flores. Florecía ese jardín, cada hoja alegremente verde, cada flor abierta entregándose a la luz. Me detuve a mirar. Recordé que mi jardín se había secado. Olvidé regarlo. Al comienzo de la primavera planté girasoles y geranios. Cuando se marchitaron, no los miré más.

Así he vivido mi vida: me niego a ver las cosas que abandoné, las cosas que dejé morir.

GARDEN

I passed a garden yesterday, planted with every kind of flower, flourishing, every leaf joyously green, every flower surrendering to the light. I slowed down to look. I remembered that my own garden had gone dry. I forgot to water it. At the beginning of spring I planted sunflowers and geraniums. When they wilted, I stopped looking at them.

That is how I have lived my life: I refuse to see the things I abandoned, the things I let die.

SOMBRA

Por mucho tiempo pensé que tú creabas las tinieblas en mi vida. Resentía tu presencia. Eras una carga para mí. Fuiste el estorbo que no me dejó ser todas las cosas que quise y no pude. Estar contigo fue una jugada de dados, me decía a mí misma, así que debo sentirme libre de dejarte en cualquier momento. Qué hambre de soledad, soledad absoluta. Pero después probé la soledad—Me paré sola en la luz plena y cegadora del sol, y sentí miedo. Te llamé por tu nombre. Y entonces me di cuenta que el lazo que nos une es más fuerte que nosotros mismos y nuestros propios deseos, y por un momento, aunque sea, dejé de verte como tinieblas y te vi como la sombra dulce que refresca, perpetuamente, este terror que es mi vida.

SHADOW

For a long time, I thought you cast the shadow over my life. I resented your presence. You were a burden to me. You stood in the way of all the things I wanted to be and couldn't become. My being with you was a toss of the dice, I told myself, so I should feel free to leave you at any time. How hungry I was for solitude, absolute solitude. But then I tasted solitude—I stood in the full blinding light of the sun by myself, and I was afraid. I called out your name. I knew the bond between us is stronger than either of us, stronger than our own desires, and for a moment, anyway, I stopped seeing you as a shadow, and saw you as the sweet pool of shade perpetually soothing the terror that is my life.

ÁRBOL

Hay un árbol detrás de mi ventana, indiferente a mi mirada, mis pensamientos, mis preocupaciones por el tiempo que se escurre.

Queda desnudo en el otoño y recupera su vestido de lentejuelas verdes en la primavera. Pasa todo el invierno temblando en su luto de madre que ha perdido su único hijo. En el verano las cigarras gritan en sus oídos.

No importa lo que siento, el árbol se mantiene detrás de mi ventana, firme en su camino hacia el cielo.

Cuánto agradezco este árbol que sólo me pide tener en cuenta su indiferencia.

TREE

There is a tree outside my window, indifferent to my gaze, my thoughts, my worries about never having enough time.

Stripped naked in the fall, the tree regains its green sequined dress in the spring. It spends all winter trembling with the grief of a mother who has lost her only child. In the summer the cicadas shout in its ears.

No matter what I am feeling, the tree remains outside my window, steady on its path toward the sky.

How grateful I am for this tree which asks nothing from me but that I notice its indifference.

ALUMNA OBEDIENTE

Fui una alumna obediente. Cuando mis profesores me dijeron que no llegaría a ser una buena poeta, dejé de escribir. Preferí cortarme la lengua que insultar a las Musas. Pero adoraba las palabras como adoro el fuego en el invierno, el cielo estrellado, y el mar tranquilo. Dirán que estos poemas son tímidos: como la inválida que se levanta de su cama después de una larga convalecencia. Pero así ando, abrazándome a las paredes que encuentro en mi camino.

OBEDIENT STUDENT

I was an obedient student. When my teachers told me I wouldn't make a good poet, I stopped writing. I preferred to cut out my tongue than to insult the Muses. But I adored words, like I adore fire in winter, the starry sky, and the calm sea. These poems might be timid: like the invalid who rises from her bed after a long convalescence. But still I walk, embracing the walls along the way.

EL MAR

Viví varios meses junto al mar. Me despertaba con la canción de las olas. Me dormía con la canción de las olas. Cada tarde recogía caracolas y las traía a casa. Al final de mi estancia tenía una pequeña montaña de caracolas. Prometí que un día devolvería todas las caracolas a la playa. No eran mías para guardarlas, como no lo es el aire que respiro, ni la tierra bajo mis pies. Pero cuando llegó el momento de empaquetar todo para irme, descubrí que no podía deshacerme ni de una sola. Cada caracola me parecía bella, cada una era caricia en mis manos, cada una, creía, me iba a recordar la canción de las olas. Entonces las guardé todas y las llevé conmigo.

Ahora vivo lejos del mar y esas caracolas todavía están guardadas en pomos de cristal. No las he vuelto a mirar o palpar. No eran mías para guardar y las guardé de todas formas. Ahora no las puedo devolver a la playa. Y lo único que quiero es olvidarme de la canción de las olas.

THE SEA

I lived several months next to the sea. I awoke to the song of the waves. I fell asleep to the song of the waves. Every afternoon I collected seashells and brought them home. By the end of my stay I had a little mountain of seashells. I promised myself that one day I would return all those seashells to the beach. They were no more mine to keep than is the air I breathe or the earth below my feet. But when I packed up to go, I couldn't return a single seashell. Each felt like a caress in my hands, each, I thought, would remind me of the song of the waves. So I took them with me.

Now I am far away from the ocean and those seashells are still packed away in glass jars. I haven't looked at them or touched them again. They were not mine to keep, but I kept them anyway. Now I cannot return them to the beach. And all I want is to forget the song of the waves.

MALAS HIERBAS

Te veo doblado en el jardín. Con qué confianza distingues entre las flores que merecen quedarse en la tierra y las que deben morir.

Ojalá pudieras sacar todas las malas hierbas de mi corazón—

Sácalas, te digo, hasta que brote mi sangre.

Deja espacio sólo para que crezca mi amor por ti.

Trátame como la rosa triste de nuestro jardín. La rosa que tu exhumaste. La rosa que nunca te cansas de darle agua a tragar.

WEEDS

I watch you bent over the garden. How confidently you
distinguish between flowers that deserve to remain in the soil
and those that should die.

If only you could pull out all the weeds in my heart—

Pull them out, I tell you, until I bleed.

Leave room only for my love for you to grow.

Treat me like the sad rose in our garden. The rose you exhumed.
The rose down whose throat you never tire of pouring water.

MIEDOS

Tengo tantos miedos: de la noche, de envejecer, de ver a los que he querido, enfermar o morir, de mi propia muerte. Son los miedos de todos. Pero me atormentan también miedos más raros: de que mi corazón se ponga a latir demasiado rápido; de volverme ciega de repente y no poder llegar a casa; de perder mi memoria antes de encontrar el tiempo de escribir los cuentos dormidos dentro de mí; de inviernos enfurecidos que jamás terminan. También tengo miedo a mojarme en la lluvia, a pararme de cabeza, a bajar las escaleras de prisa. Los policías, los soldados, y los oficiales de inmigración me espantan. Si me quitaran los miedos, no pesaría nada y sería libre. Me verías bailar como una hoja parda, seca, y después me soplaría el viento del otoño.

FEARS

I have so many fears: of the night, of growing old, of seeing
those I have loved fall ill or die, of my own death. Those are
fears everyone has. But I am also tormented by stranger fears:
of my heart pounding too quickly; of unexpectedly going blind
and not finding my way home; of losing my memory before I
find the time to write the stories still dormant in me; of raging
winters which will never end. I am also afraid of getting wet in
the rain, standing on my head, running down staircases.
Police, soldiers, and immigration officers terrify me. If you took
my fears away, I would be weightless and free. You would see
me dance like a dry brown leaf and then I'd blow away in the
autumn wind.

HUELLAS

Querido abuelo que estás en tu tumba, ¿te acuerdas de cuando nació mi hermoso niño? Viniste a la circuncisión contento porque tu primera nieta tuvo la inteligencia de dar a luz a un hijo varón. Yo estaba alegre porque tú estabas alegre. Mi amor por ti era primitivo, incapaz de dudas, honesto como la última hoja de un arce a finales de noviembre. Las heridas de mi parto sanaron mientras tú acunabas mis cansados geranios en sus camas frías de la tierra de Michigan. Y hasta las huellas de fango que dejaste en la alfombrita azul del baño eran odas a la vida, un reproche dulce al tiempo, manchas de eternidad.

FOOTPRINTS

Dear grandfather in your grave, remember when my beloved
boy was born? You came for the circumcision in joy that your
first granddaughter had the good sense to bear a son. I was
happy you were happy. My love for you was primitive, unable
to doubt, earnest as the last leaf on a late November maple.
The wounds of my labor healed as you tucked tired geraniums
into cold beds of Michigan soil. Even the muddy footprints
you left on the baby blue bathroom rug were odes to life, sweet
reproaches to time, smears of eternity.

SHOFAR

La puerta se está cerrando. El Shofar que despertó a Abraham e
Isaac está sonando. Un padre ha atado a su único hijo como un
cordero, listo para hacerlo leña. "Es suyo, Dios, aquí lo tiene,"
dice Abraham y el niño llora. Tekiah, tekiah, tekiah gedolah. . . .
Todavía hay tiempo. Pero los dos nos quedamos parados a la
entrada, impidiendo que ni uno ni otro pase.

SHOFAR

The door is closing. The Shofar that awoke Abraham and Isaac is sounding. A father has tied up his one and only son like a lamb, ready to set him ablaze. "Here, God, he is yours," Abraham says while the boy weeps. Tekiah, tekiah, tekiah gedolah. . . .
There is still time. But we both stand at the threshold, blocking each other's way.

NOCHES

Demasiadas noches sin que haya levantado mi vista hacia las estrellas. En estos días sólo miro hacia delante. Día o noche, para mí es lo mismo. Mi vida me empuja en una línea recta como un arado haciendo surcos incontables en la tierra. Un día, en esos surcos, voy a desparramar todas las semillas de mi paciente deseo que han echado retoños y veré qué brota de la tierra.

NIGHTS

Too many nights go by without my glancing at the stars. These days I only look straight ahead. Day or night, it's all the same to me. My life pulls me forward like a plow making endless furrows in the earth. One day, in those furrows, I will scatter all the sprouted seeds of my patient desire and see what bursts out of the ground.

PRAYER

REZO

REZO

Esto me pasa con frecuencia, con demasiada frecuencia:
Voy camino a casa, manejando por calles conocidas, faltan
solamente unas pocas cuadras, y de no sé dónde viene una
mano despiadada y exprime mi corazón hasta dejarlo seco.
Tiemblo. Una neblina tapa mis ojos. No puedo saber ya si estoy
despierta o soñando. Si me muero, ¿quién me encontrará? Lo
único que puedo hacer es rezar: No vengas por mi aún. Déjame
volver a casa, ya casi llego, por favor. . . .

    No sé por qué me pasa esto. Sólo sé que, por ahora, mis
rezos han sido escuchados. Dejando casi de respirar llego a mi
casa. Al abrir la puerta, oigo el ruido de tantas llaves, las llaves
que mis antepasados neciamente llevaron con ellos a su exilio.

PRAYER

Too often I am on my way home, driving down familiar streets, only a few blocks to go, and out of nowhere a merciless hand comes and wrings my heart dry. I tremble. Fog clouds my eyes. I am no longer sure if I am awake or dreaming. If I die, who will find me? All I can do is pray: Don't take me yet. Let me return home, I am almost there, please. . . .

I don't know why this happens. What I know is that, so far, my prayers have been answered. Hardly breathing I reach my house. And when I open the door, I hear many keys clanging, the keys my ancestors stubbornly took with them to their exile.

TELÉFONO

El teléfono suena mientras trato de escribir un poema. Yo sé que no debo contestar. El poema desea ser escrito. Desea ser escrito ahora mismo . . . . Respeta el poema. Escucha . . . . Pero no puedo conmigo misma. Corro al teléfono. El poema me llama con un quejido de duelo, un violín que ha perdido sus cuerdas. Y el teléfono no, el teléfono es una orquesta completa. Recio y seguro de sí mismo, suena en mis oídos, hasta que ya no puedo escuchar más el poema inútil que se atrevió a levantar su voz.

TELEPHONE

The telephone rings while I am trying to write a poem. I know I shouldn't answer it. The poem is asking to be written. It is asking to be written right now . . . . Respect the poem. Listen . . . . But I can't help myself. I rush to the phone. The poem calls to me in a mournful whine, a sad violin that has lost its strings. And the telephone, no, the telephone is a full orchestra. Loud and confident, it echoes in my ears, so I no longer hear the crippled poem that dared to raise its voice.

SONETOS

Para que yo te volviera a querer, tendrías que pedir perdón por tantas cosas. Primero pide perdón por haberme dejado derrochar mi juventud en tratados académicos que me alejaban de la poesía. Todos los días y años que te quedabas mirando, que tú, en vano, te hallabas presente, que tú quedabas callado mientras yo iba escarbando como una hormiga loca que amontona sus lomas de tierra—¿cómo lo permitiste? ¿Por qué no me detuviste? Si lo hubieras hecho, cuánto te hubiera querido. Cuánto hubiera apreciado tu nombre. Estaría escribiendo sonetos ahora. No estos terrones de palabras que se niegan a cantar.

SONNETS

Before I love you again, you would have to apologize for so many things. Start by apologizing for letting me squander my youth on academic treatises that took me away from poetry. All those days and years when you watched, when you stood helplessly by, when you remained silent as I scurried around like a crazy ant amassing mounds of earth—how could you? Why didn't you stop me? If you had, how I would have loved you. How I would have cherished your name. I'd be writing sonnets now. Not clumps of words that refuse to sing.

UN MANDADO

Te miro desde mi ventana yendo otra vez con la devoción de un monje a un mandado—a comprar nuestro pan, a llevar mis poemas al correo.

Te miro caminar al viejo Volkswagen, su techo todo oxidado después de tantos años de cargar con nuestras posesiones encima. Lo compramos con dinero de la boda, este carro de un verde menta que nos llevó a México y nos volvió a traer tantas veces. Ahora vale nada más para los viajes cortos, las vueltas diarias del trabajo a la casa, de la tienda a la casa. Hasta tú hablas de despedirte de él—este carro que nos da pena estacionar en nuestra calle con sus maples y sus casas victorianas restauradas. Dejamos de cerrarlo con llave y alguien le sacó el radio. Después, un olor a sangre.

Mientras miro, bajas la cerca. Hay un pedazo de hielo congelado donde estás a punto de deslizar tu pie. No sé por qué pero temo que te vas a resbalar. Y así pasa. Empiezas a resbalar pero no te dejas caer.

Y mientras miro, algo se me escapa. No son palabras. Ni siquiera un suspiro. Ni algo tan cursi como las lágrimas. Más bien el crujido de una memoria.

Una memoria del deseo.

Una memoria de los caminos secos, polvorosos, empapados de sol que tú y yo anduvimos.

ERRAND

I watch you from my window setting off with a monk's devotion on another errand—to buy our bread, to put my poems in the mail.

I watch you walk to the old Volkswagen, its roof streaked with rust from the years we carried all our possessions up there. Bought with wedding money, this mint green car took us to Mexico and back many times. Now it's only good for short trips, the everyday spinning in circles, to work and home, to the store and home. Even you talk of parting with it—this car we've grown ashamed of parking on our street lined with maple trees and restored Victorian houses. We stopped locking it and someone yanked out the radio. Afterwards, a smell of blood.

As I am watching, you step down from the curb. There's a patch of ice frozen hard to the ground where you are about to slide your foot. I don't know why, but I fear you will slip. And you do. You slip, but then you catch yourself.

And as I watch, something wants to come from me. No words. Not even a gasp. Nothing banal like tears. More like the crackle of a memory.

A memory of desire.

A memory of the dry, dusty, sun-parched roads we've traveled.

SOLA

Anoche, cuando el cielo estaba a punto de perder su azul, podía ver el luminoso brillo de un pedacito de luna y una estrella. Las calles estaban mudas. Siempre están mudas aquí. Demasiado mudas. Estaba sola y por primera vez no sentí miedo. Los muertos descansaban felizmente en sus tumbas, sin sentirse nada envidiosos de mí.

ALONE

Last night, when the sky was about to lose its blueness, I could see, shining brightly, just a sliver of a moon and one star. The streets were silent. They are always silent here. Too silent. I was alone and for once I felt no fear. The dead rested happily in their graves, not in the least jealous of me.

ZAPATOS

Ha caído la noche. Nuestros zapatos descansan tranquilamente juntos a la puerta de la calle. Mis zapatillas rosadas de España, que tienen agujeros suaves hechos por mis dedos grandes, se arriman a tus enormes zapatos de piel color café y a las sandalias de nuestro hijo, salpicadas de arena, que todavía huelen a la tristeza del anochecer en la playa.

Recuerdo esa sala terrible del Museo del Holocausto. Estaba llena de zapatos, cientos, miles de zapatos, de todos los tamaños, los zapatos de demasiados fantasmas.

¿Pero por qué me acuerdo de esa sala, de esos zapatos? Aquí no hay fantasmas. Nuestros zapatos descansan. Tranquilamente. Cómodamente. Manteniendo secreto nuestro inmenso amor.

SHOES

It is late at night. Our shoes rest quietly by the front door. My pink Spanish corduroy slippers, with soft holes worn by my big toes, snuggle against your enormous brown leather shoes, and our son's flip-flops, sprinkled with sand, that still smell of the sadness of night falling on the beach.

I remember that terrible room at the Holocaust Museum filled only with shoes—hundreds, thousands of shoes, in all sizes. The shoes of too many ghosts.

Why remember that room, those shoes? There are no ghosts here. Our shoes rest. Quietly. Comfortably. Keeping secret our immense love.

EN LA PALMA DE MI MANO

Querido niño: Alguien te hizo daño hoy, pero no me quieres hablar de lo que pasó. Te acuestas en el sofá en una furia silenciosa mientras yo me acomodo en la orilla, sin saber qué hacer. Crees que eres demasiado grande para pedirle consuelo a tu madre. Pero en tu angustia dejas caer tus pies sobre mis rodillas y permites que los acaricie un poco antes de echarte para atrás. Esos pies que una vez cabían en la palma de mi mano.

IN THE PALM OF MY HAND

Dear boy: Someone hurt you today, but you won't talk about it. You stretch out on the sofa in silent fury while I sit on the edge, not knowing what to do. You feel too grown up to ask for solace from your mother. But in your distress, you let your feet fall on my lap and allow me to give them a quick caress before you pull away. Those feet that once fit in the palm of my hand.

CARTA

Mi querida amiga:

Yo tengo las hojas del otoño. Tú tienes el azul del mar.

Yo tengo las carreteras anchas y espantosas del mundo. Tú tienes las calles derrumbadas de nuestra isla.

Yo tengo el miedo de un cordero en una madriguera de lobos. Tú tienes el valor de un guerrero samurái.

Yo tengo la plata y el acero; tengo una casa demasiado grande para mí y un calendario donde están marcados los días que no estaré; tengo mañana y mañana; lo tengo todo.

Tú tienes la mirada de tus ojos. . . .

LETTER

My dear friend:

    I have the autumn leaves. You have the blue ocean.

    I have the wide and terrifying highways of the world. You have the crumbling streets of our island.

    I have the fear of a lamb in a den of wolves. You have the courage of a samurai warrior.

    I have silver and steel; I have a house too big for me and a calendar marking the days when I will be away; I have tomorrow and tomorrow; I have everything.

    You have the witness of your eyes. . . .

ORQUÍDEA

Este invierno pasado compré una orquídea. Tenía una flor que duró muchos meses. Adoraba la orquídea tanto como su maceta de cerámica pintada a mano. Un día el tallo se rompió. Lamenté la pérdida. Todas las mañanas la había sujetado con mis ojos mientras escribía en mi buro.

Extrañaba la flor, pero me alegraba que la maceta estaba intacta.

Así soy yo: prefiero que todas las flores en mi casa se marchiten a que una sola de mis macetas se haga pedazos.

Lo que dices de mí es cierto: parece que amo más a las cosas que a la vida misma.

ORCHID

I bought an orchid last winter. It had a blooming flower that lasted for many months. I adored the orchid as much as the hand-painted ceramic pot it came in. One day the stem broke. I mourned the loss. Every morning I had held it with my eyes as I sat writing at my desk.

I missed the flower, but happy the pot was intact.

That is how I am: I would rather every flower in my house wither than for one of my pots to shatter into pieces.

What you say about me is true: I seem to be more in love with things than with life itself.

RENUNCIA

Tú me prometiste esto: que tu amor no tenía límites ni se iba a quebrantar. Yo no prometí nada. No tenía fe en nada; ninguna fe en mí; ninguna fe en ti; ninguna fe en el mundo; ninguna fe en nuestro amor. Cada día, cada mes, cada año, sometía a prueba tu promesa. Cuando no usaba palabras crueles, usaba silencio. Racioné mi dulzura y te la di gota a gota. Yo quería saber si era verdad lo que me habías prometido. Y mi plan tuvo éxito: tus besos ahora son fríos, como los de un soldado.

SURRENDER

You promised me this: that your love was boundless and unwavering. I promised nothing. I had no faith in anything; no faith in myself; no faith in you; no faith in the world; no faith in our love. Every day, every month, every year, I tested your promise. When I didn't use cruel words, I used silence. I rationed my kindness and gave it to you crumb by crumb. I wanted to know if you meant what you'd promised. And my plan worked: now your kisses are cold, like a soldier's.

TÚ

Pero con qué gentileza urgías a los arroyos en mí a que corrieran y corrieran y corrieran—¡como si pudiesen llegar al mar!

YOU

But with what grace you could once urge the streams in me to
flow and flow and flow—as if they might reach the sea!

MANZANAS

Arrepentida estoy de muchas cosas, pero de ninguna tanto como de aquella vez que me negué a comprarle en Cuba las cinco manzanas rojas a Amandita, la nieta de mi nana tan querida de mi niñez. Las manzanas eran muy caras, es cierto, a pesar de estar un poco estropeadas. Estaban a la venta en dólares y sólo yo podía comprarlas. Pensé: ¿Por qué quiere manzanas cuando es la época del mango y en todas partes hay gordos, jugosos, grandes, amarillos mangos cayéndose de las matas? Pero ella quería manzanas, la fruta ordinaria de las tierras frías del norte. Y yo no las quise comprar.

Ahora estamos en otoño y hay manzanas por todas partes. Pero yo añoro los mangos.

Qué agrías son las manzanas que hubieran hecho a Amandita tan feliz.

APPLES

I regret many things. But none so much as when I refused
to buy five red apples for little Amanda in Cuba, the
granddaughter of the beloved nanny of my childhood. The
apples were very expensive, it is true, even though they had a
few bruises. They were for sale in dollars, so only I could buy
them for her. I thought: Why does she want apples when it
is mango season and everywhere there are plump, juicy, big,
yellow mangos falling from the trees? But she wanted apples,
the ordinary fruit of cold northern lands. And I would not buy
them for her.

Now it is autumn here. Apples are everywhere. But I long
for mangos.

How sour are the apples that would have made little
Amanda so happy.

PRISIONERA

Querida Dulce María Loynaz:

Estoy tratando de aprender a ser poeta leyéndola, pero hay una lección suya que no puedo aprender: paciencia, dejar que los poemas crezcan en mí, no echarlos a la calle como vendedores ansiosos de deshacerse de su mercancía. ¡Qué rápido quisiera escribir los poemas! ¡Que rápido quisiera cerrar la puerta en sus caras!

Mañana a lo mejor muero—

Por eso soy avariciosa. Por eso me apuro. Escribo con una pistola en mis sienes. Escribo como una prisionera.

PRISONER

Dear Dulce María Loynaz:

I am trying to be a poet by reading you, but there is a lesson of yours I cannot learn: patience, to give the poems time to grow in me, not rush them out into the street like peddlers anxious to be rid of their wares. How quickly I want the poems to be written! How quickly I want to close the door in their faces!

Tomorrow I might die—

That is why I am greedy. That is why I must rush. I write with a gun at my temple. I write like a prisoner.

PEQUEÑA

Otra vez estoy cerca del mar. Cada día digo, tengo que ir,
tengo que escuchar las olas, tengo que tragar sal. Pero cada día
algo me detiene y no llego a la playa. Me acerco, más y más, y
retrocedo.

Por años me protegías.

Y ahora aquí me tienes—una mujer que sola no puede ir al
mar . . . .

Quiere que la lleven de la mano.

Que le digan que haga un castillo de arena,
y la abracen cuando las olas devoren su castillo.

Después
llorar y la amen por ser pequeña.

SMALL

I am near the ocean again. Each day I say, I must go, I must hear the waves, I must go taste the salt. But every day something keeps me from the beach. I come close, closer, and then, I turn back.

For years you protected me.

And now here I am—a woman who can't go to the ocean alone . . . .

She wants to be taken by the hand.

She wants to be told to make a sand castle,

and held when waves devour her castle.

Then

cry and be loved for her smallness.

FREEDOM

LIBERTAD

LIBERTAD

Al fin fui al mar hoy. Yo sola.

¿Por qué esperé tanto tiempo? Tanta belleza podía haber sido mía hace días y días.

Pero al menos fui. Me senté en la arena y abrí las palmas.

Esperé. Me olvidé que había sentido miedo. Después dejé de esperar. Y sentí la libertad:

Vasta, inmensa, incognoscible, embelesadora.

Divina.

FREEDOM

At last I went to the ocean today. All alone.

Why did I wait so long? Such beauty could have been mine days and days ago.

But at least I went. I sat in the sand and opened my palms.

I waited. I forgot I had been afraid. Soon I stopped waiting. And felt freedom:

Vast, huge, unknowable, ravishing.

Divine.

VE TÚ

Mi abuela, casi ya con noventa años, se ha despedido de
la playa: la arena demasiado áspera, el viento demasiado
fuerte, el sol la ciega, y el mar le parece demasiado eterno. Su
apartamento no da a la playa. De su balcón nada más puede oler
la sal. Pero ya es muy tarde. . . . Cómo le duele la cabeza. . . .

Dudo si ir a la playa y dejar a mi abuela sola. ¿Será mejor
que me quede a lamentarme con ella?

Tratando de ser valiente, me dice, Ve tú, ve tú. . . .

Yo cierro la puerta y la dejo en la sala oscura, tapándose los
ojos.

Delante del mar, la canción que quiero cantar se me
anuda en la garganta. Como un pájaro sacudiendo sus alas sin
misericordia.

60

My grandmother, almost ninety, has already waved goodbye
to the beach: the sand too scratchy, the wind too strong,
the sunlight too blinding, the ocean too eternal for her. Her
apartment doesn't face the ocean. All she can do from her
balcony is smell the salty air. But it is too late now. . . . How her
head hurts. . . .

I hesitate leaving my grandmother to go to the beach.
Should I stay and mourn with her?

Trying to be brave, she urges me, "Go, go. . . ."

I close the door and leave her in the dark living room,
shielding her eyes.

I stand before the ocean and the song I want to sing is
caught in my throat. Like a bird flapping its wings without
mercy.

MI NOMBRE

Fuimos desconocidos y seremos desconocidos nuevamente. Así que cuando yo muera, deja una piedra en mi tumba. No quiero lágrimas, ¿me oyes? Pero permito que beses las letras de mi nombre como hacías cuando aún me amabas.

MY NAME

We were strangers once and strangers we will be again. So, when I die, leave a stone at my grave. Do not cry, you hear me? But I give you permission to kiss the letters of my name the way you did when you still loved me.

HAMBRE

Hoy prefiero irme a dormir con hambre que tener que desearte buenas noches.

HUNGER

Today I rather go to bed hungry than wish you a good night.

JOYAS

Cuando vivíamos en las montañas de México, yo temblaba cuando salía de la ducha. Tú me esperabas con dos toallas que habías calentado apretándolas a tu pecho. Brillaban como ámbar. Era como ponerme joyas.

JEWELS

When we lived in the mountains of Mexico, I would tremble coming out of the shower. You waited for me with two towels you had warmed by pressing them against your chest. They glowed like amber. I wore them like jewels.

TÉ

Vientos del norte soplan y mi casa se vuelve fría. Extraño tus abrazos, pero agradecida estoy por las tazas de té que me dan calor.

TEA

Winds from the north blow and my house grows cold. I miss your embraces, but grateful for the cups of tea that keep me warm.

BALCÓN

Federico García Lorca escribió, "Si muero, dejad el balcón abierto."

No tengo un balcón, solo una ventana cerrada contra el agrisado cielo amargado y el viento invernal que cala.

Si muero, ¡dejad la ventana cerrada!

BALCONY

Federico García Lorca wrote, "If I die, leave the balcony open."

I don't have a balcony, only a window shut against the bitter gray skies and biting winds of winter.

If I die, leave the window closed!

RETURN

VOLVER

VOLVER

En el ropero cuelga el vestido de la India con sus ramos azules y cafés, delgadito como un pañuelo, que tanto me ponía en mis viajes a la isla que hasta tú, querido amigo, te cansaste de él. Ese vestido fue testigo—

De esa mañana cuando no tenías ni pan ni mantequilla y me enseñaste que el desayuno podía consistir en macarrones con salsa picante.

De esa noche alumbrada por cocuyos cuando, gracias a ti, oí por primera vez a Marta Valdés cantar,

Si vuelves
vuelve para que la vida
pueda florecer. . . .

RETURN

In the closet hangs the Indian dress with the blue and brown bouquets, thin as a handkerchief, which I wore so often on my trips to the island that even you, dear friend, tired of it. That dress was a witness—

To that morning when you had neither bread nor butter and you showed me breakfast could consist of macaroni and hot sauce.

To that night lit by fireflies when, thanks to you, I first heard Marta Valdés sing,

If you return
return so that life
can flower again. . . .

BESTIA

Con las uñas araño el silencio.
    Mis dedos sangran.
Poesía, ¿por qué me escondes las palabras?

BEAST

I scratch at the silence with my nails.
   My fingers bleed.
Poetry, why do you hide the words from me?

POLLO

Mi abuela decía: "Hemos estado casados por más de cincuenta años y todavía no sé si tu abuelo prefiere la pechuga o el muslo. Siempre dice que le da igual, pero yo quiero saber qué es lo que él realmente prefiere." Él se negaba a decirle, se negaba a admitir alguna preferencia. Una vez pensé que se portaba así por ser amable, por dejar que ella comiera lo que prefería. Pero mi querido abuelo, perdóname por interrumpir el silencio de tu tumba, a veces me pongo a pensar: ¿Será posible que esa amabilidad tuya forzaba a mi abuela a dar, siempre, lo que ella quería por miedo a que fuera lo que tú querías? Todos esos años, ¿te comías tú la pechuga cuando querías el muslo, no por ser amable sino por el placer de quitarle de su boca el gusto de la carne que ella deseaba?

CHICKEN

My grandmother used to say: "We have been married for over fifty years and I still don't know if your grandfather prefers the breast or the leg of a chicken. He always says it's the same to him, but I want to know which part he really likes better." He refused to tell her, refused to admit to a preference. I once thought he acted that way out of kindness, so she could eat what she most wanted. But dear grandfather, please forgive me for disturbing the silence of your grave, lately I wonder: Did your kindness force my grandmother to give away, always, what she wanted for fear it was what you wanted? All those years, did you eat the breast when you wanted the leg, not out of kindness but for the pleasure of taking from her mouth the taste of the flesh she longed for?

AFORTUNADA

Pensé que nunca más escucharía un pájaro cantar. Pensé que los árboles olvidarían cómo echar sus hojas. El invierno fue demasiado largo. Demasiado silencioso. La casa se hizo oscura y no podía distinguir entre el día y la noche. Estaba segura que nuestro amor había muerto también. Lloré. Mis lágrimas como perlas que una vez vivieron en el mar.

Hoy todas las ventanas están abiertas. Desde el amanecer los pájaros cantan delirantes. Los arboles están locamente verdes. Puedo oler las flores en mi jardín, rindiendo su néctar a las abejas. ¿Serán lilas? No lo sé.

Nunca quise un jardín—

Yo no sembré las flores, yo no conozco los nombres de los pájaros o los árboles, pero su placer feroz no se me niega.

Qué afortunado es el mundo que no depende de mi voluntad. Qué afortunada soy yo pues tú no dejas de regar los tallos de nuestro amor, aun cuando se marchitan, aun cuando no dan nada.

FORTUNATE

I thought I would never hear a bird sing again. I thought the trees would forget how to grow leaves. The winter was too long. Too silent. The house fell dark and I could no longer tell the day from the night. I was certain our love had died, too. I wept. My tears like pearls that once lived in the ocean.

Today all the windows are open. Since dawn the birds have been singing deliriously. The trees have turned crazy green. I can smell the flowers in my garden yielding their nectar to the bees. Are they lilacs? I do not know.

I never wanted a garden—

I did not plant the flowers, I do not know the names of the birds or the trees, yet their wild pleasure is not withheld from me.

How fortunate is the world that it does not depend on my will. How fortunate am I that you keep watering the stems of our love, even when they wither, even when they have nothing to give.

POR LA TARDE

La casa está tranquila y el mundo calmado. Es verano y yo te espero.

Por la tarde, cuando regreses, te tomaré de la mano y te pediré que me toques como ayer. Exactamente como ayer.

Desde ayer no he dejado de temblar.

Desde ayer.

AFTERNOON

The house is quiet and the world is calm. It is summer and I wait for you.

In the afternoon, when you return, I will take your hand and ask you to touch me as you did yesterday. Exactly as you did yesterday.

Since yesterday I have not stopped trembling.

Since yesterday.

OFFERING

OFRENDA

OFRENDA

Hace unos meses por poco te abandono.
Te digo que ya iba a cerrar la puerta sin mirar para atrás.
Te digo que no pensaba tocarte otra vez.
Te digo que había olvidado cómo besarte.
Eso fue en el invierno, y en el invierno me desespero.
Ventanas cerradas, puertas bajo llave, días como sombras.
Perdóname, perdí un país, en mí no se puede confiar.
Trátame como una ofrenda, como Abraham hizo con Isaac.
Préndeme como incienso.
Mírame arder.
Hacerme ceniza.

OFFERING

A few months ago I would have said goodbye.
I tell you, I was ready to shut the door and not look back.
I tell you, I did not expect to touch you again.
I tell you, I had forgotten how to kiss you.
That was in winter, and winter drives me to desperation.
Closed windows, locked doors, days like shadows.
Forgive me, I lost a country, I cannot be trusted.
Treat me as an offering, as Abraham did with Isaac.
Light me like incense.
Watch me go up in flames.
Turn to ash.

TORMENTA

Una oscuridad repentina, truenos, relámpagos, la furia de los dioses, y yo sola y con miedo en la bodega. Te llamo y tú vienes. A salvarme. . . .

Ya para cuando tú llegas la tormenta ha pasado. Se me ha quitado el miedo. Manejo a casa, molesta que tú me persigues en el viejo Volkswagen con tu cara de santo.

Al día siguiente te detesto. No te puedo ver. Mis ojos vueltos un cristal. Tendrás que tirarles una piedra si quieres que te vuelva a mirar.

STORM

Sudden darkness, thunder, lightning, the anger of the gods, and I alone and afraid at the grocery store. I call and you come. To save me. . . .

By the time you arrive the storm has cleared. I am no longer afraid. I drive myself home, annoyed that you are following me in the old Volkswagen with your saintly face.

The next day I despise you. I cannot bear the sight of you. My eyes like a sheet of glass. You will have to throw a rock at them if you want me to look at you again.

CUBA

El día que partimos de Cuba el mar estaba calmado. Yo era una niña. Pensaba que estábamos de fiesta. No lloré. No llevé luto. Nadie me explicó nada.

Llegué a ser esta mujer inmune a las palabras tiernas, inmune a la belleza alocada de las flores en primavera, inmune a tu amor.

CUBA

The day we left Cuba the sea was quiet. I was a child. I thought we were on holiday. I didn't cry. I didn't grieve. No one explained anything.

I became this woman immune to tender words, immune to the reckless beauty of spring flowers, immune to your love.

CRÉEME

Debes creerme—

Quiero amarte, padre.

Fui una niña que una vez vivió en una isla. Una mujer negra allá se acuerda. Ya entonces, me dice, antes que tuviera apenas dos años, tú no soportabas que yo deseara. Tú me querías profundamente dormida cuando llegabas a casa a comerte tu almuerzo.

He sido tu hija muerta y he sido tu hija viva. Me matas, me revives, y me vuelves a matar. No me molesta cuando estoy muerta. El temor es mayor cuando me soplas de vida. Después los golpes duelen más.

Debía haber aprendido a amar de los que me amaron mejor.

BELIEVE ME

You must believe me—

I want to love you, father.

I was a child who once lived on an island. A black woman there remembers. Even then, she says, before I was two, you could not bear for me to assert my own desire. You wanted me deep in sleep when you came home to eat your lunch.

I have been your dead daughter and I have been your living daughter. You kill me, you revive me, and then kill me again. I don't mind it when I'm dead. I am most afraid when you breathe life into me. Later the blows hurt more.

I should have learned to love from those who loved me better.

LLUVIA

Querido niño mío: Otra vez, perdóname por no ir a nadar hoy en la piscina del "Y" contigo y tu papá. Ya conoces a tu madre: una mujer capaz de pasar un mes en Cuba sin meter un pie en el mar. Me he quedado en casa porque quiero escribir un poema para señalar este día cuando tú naciste hace nueve años, pasando un minuto de la media noche, en un hospital de Michigan, donde te sacaron de mi cuerpo, herido por mi sangre. Me apuraré, seré rápida en soltar estas palabras antes que regreses. Déjame decir, entonces, lo que realmente importa: que te quiero tanto, niño de piernas largas, niño de pestañas largas. ¿Te acuerdas, hace cinco días en La Habana, como rompías almendras en la calle con una piedra? Niño dulce, yo soy las cáscaras que dejaste, llenándose de lluvia.

RAIN

Dear child of mine: Again, forgive me for not going swimming
at the "Y" today with you and Daddy. You know your mother: a
woman who spends a whole month in Cuba without setting foot
in the sea. I've stayed home hoping to write a poem to mark
the day, this day when you were born nine years ago, a minute
past midnight, in a Michigan hospital, where they pulled you
out of me, bruised by my blood. I will be fast, quick to say these
words before you're back. Let me tell you, then, what truly
counts: how much I adore you, long-legged boy, long-eyelashed
boy. Remember five days ago, in La Habana, how you cracked
almonds on the street with a stone? Sweet boy, I am the shells
you left behind, filling up with rain.

AMABILIDAD

Un día, cuando seamos viejos y nos hayamos olvidado del sabor de nuestros cuerpos jóvenes, recordemos la amabilidad con que nos tratamos, hace años, en ese cuarto de Connecticut con sus cuatro paredes y tres ventanas que tenían vista a un semáforo.

Recordemos el trueno afuera de los frenos, el ajetreo y estremecimiento adentro.

Recordemos como nuestras palmas se unieron, y después nuestros dedos, y después nuestros hombros, y después nuestros labios, y después nuestras almas.

Recordemos como éramos— dos azafranes atreviéndose a mostrar su cara antes de terminar el invierno.

KINDNESS

One day, when we are old and have forgotten how our bodies tasted in our youth, let us remember each other, years ago, in that room in Connecticut with the four walls and the three windows which overlooked a traffic light.

Let us remember the screech of brakes outside, the rush and shudder within.

Let us remember how our palms touched, and then our fingers, and then our shoulders, and then our lips, and then our souls.

Let us remember how we were— two crocuses daring to show their faces before the end of winter.

EL MUNDO

En un parqueo vacío de Michigan me senté a llorar.

La primavera había llegado, los arboles ya estaban verdes, pero seguía el frío de invierno.

El cielo oscuro dejó caer su capa pesada sobre mis hombros.

Estaba lejos de todos los que me conocieron cuando era pequeña.

De repente vino una gaviota desde un mar lejano.

Se detuvo frente a mis pies, perdida también.

Amé al mundo más que mi propia vida.

THE WORLD

In an empty parking lot in Michigan I sat down to cry.

Spring had arrived, trees were green, but it was as cold as winter.

The dark sky spread its heavy cape around my shoulders.

I was far from everyone who knew me when I was little.

Suddenly from an ocean far away a seagull came.

It stood at my feet, lost too.

I loved the world more than my own life.

VINO

Esposo mío: ¿Recuerdas el vino raro que nuestro amigo Teófilo nos dio como regalo de bodas? ¿Por qué nunca lo bebimos?

Estoy tan furiosa que te digo que compraré mi pastel yo misma, gracias.

En la dulcería me preguntan: ¿Lleva velas? ¿Es para un cumpleaños?

Sí, les contesto, el mío. No quiero velas.

Este año no quiero velas.

Pero pediré que se me cumpla un deseo. No, mejor haré una resolución: De beberme todo el vino que nos den para celebrar.

De no renunciar a la embriaguez.

De amar la flor más que la arcilla.

De acordarme de regar mi jardín.

WINE

My husband: Remember that rare vintage of wine our friend Teófilo gave us for our wedding? Why did we never drink it?

I am so furious I tell you I will get my own cake, thank you.

At the bakery, they ask: Do you want candles? Is it a birthday?

Yes, I say, my own. Skip the candles.

No candles this year.

But I make a wish. No, a resolution: To drink all the wine given to us to celebrate.

To not renounce drunkenness.

To love the flower more than the clay.

To remember to water my garden.

Swan Isle Press is a not-for-profit publisher
of poetry, fiction, and nonfiction.

For information on books of related interest or
for a catalog of new publications contact:
www.swanislepress.com

Everything I Kept
Todo lo que guardé
Designed by Marianne Jankowski
Typeset in Adobe Text Pro
Printed on 55# Glatfelter Natural